Jérôme Openga
Narcisse Soh

LE DESTIN D'UNE ÉLITE

Jérôme Openga
Narcisse Soh

LE DESTIN D'UNE ÉLITE

Éditions Muse

Cover image: www.ingimage.com

Publisher:
Éditions Muse
is a trademark of
Dodo Books Indian Ocean Ltd. and OmniScriptum S.R.L publishing group

120 High Road, East Finchley, London, N2 9ED, United Kingdom
Str. Armeneasca 28/1, office 1, Chisinau MD-2012, Republic of Moldova, Europe
Printed at: see last page
ISBN: 978-620-4-96453-9

Lamby : père de ô- Koli ; Epoux de Tsely- .
Tsely : Epoux de lamby ; Mère de O-Koli
Mr Boret : Inspecteur, chef de la circonscription ; coordonnateur de activités pédagogiques collège-lycée
NDomby : Chef du village OTSé-Bili
Longa : fille de lamby et tsely.
Doumouna : grand sorcier, protecteur du village
Andoule : Ancien travailleur de SCKN ; interprète
Ayela, Akili, Ikia, Lelo, Kondzi, Odzé (tous habitants d'Otsé-Bili)
Mr François : commandant du district :
Lendoubou : Frère aine de lamby, jardinier et berger du cdant.

SCENE 1

A la fin du cycle primaire, O-Koli émerveille tous les responsables de la circonscription par son excellent travail. Mr Boret reçoit O-Koli dans son bureau.
O-Koli toque la porte du bureau.

M. Boret : entrez !

O-Koli *: Debout face à l'homme blanc, tremblant de frayeur.* Bon... bonjour M. l'inspecteur !

M. Boret : Bonjour jeune homme, Asseyez-vous. *Exerçant son influence, le considéra longuement méditant le futur du jeune enfant, puis dit :* ton écho m'est parvenu, je suis en possession de ton travail 19 ,95 de moyenne, meilleur élève de la zone. Quel est le nom de ton père ?

O-Koli : Lamby

M. Boret : Et son prénom ?

O-Koli : Il n'en a pas.

M. Boret : Donne le nom de ta mère

O-Koli : Elle s'appelle Tsély. Elle n'a pas de prénom, non plus

M. Boret : Drôle de couple. Pourquoi n'ont –ils pas

de prénoms ?

O-Koli : Ils sont nés pendant la colonisation, et dans un petit coin de brousse. Leurs pères ne savaient rien du prénom. Le père donne à son fils le nom qu'il prononce et maitrise facilement.

M. Boret : où habitent-ils ?

O-Koli : Ils sont au village Otsé-Bili

Mr Boret : votre village se situe à quelle distance ?

O-Koli : A environ quinze Km du centre, Boundji

M. Boret : Que font ton père et ta mère ?

O-Koli : Ce sont des cultivateurs.

M. Boret : Veux-tu poursuivre tes études ?

O-Koli : Mes parents manquent de possibilités .je n'ai personne pour me soutenir .je suis l'unique garçon de ma famille. S'il n'y avait pas cet obstacle ; je le voudrais bien.

M. Boret : Tiens ce billet de cinq mille francs, donne à tes parents pour préparer ton voyage.je viendrai te prendre à la date convenue.

O-Koli : Merci M. l'Inspecteur. Au revoir !

SCENE 2 : *Au village*

O-Koli : Papa, maman, je suis très content de la réception que M. l'inspecteur m'a réservée. Il m'a donné cette somme pour préparer mon voyage. Il viendra me prendre.

Lamby : Il t'amènera où ?

O-Koli : A Fort-Rousset où je poursuivrai mes études.

Lamby : Donne cet argent. C'est risquant, on ne peut pas partager l'enfant d'autrui sans l'avis de ses parents. Il veut acheter ton âme ? Il se croit plus intelligent ? Pourquoi ne m'a-t-il pas appelé ? Le noir se réserve. Quand il s'enflamme, c'est pire qu'un feu de brousse. Tu es mon sang, une partie de mon cœur. L'enfant n'est pas un simple objet qu'il fixe le prix à sa guise. Les blancs ont tant fait. Veut-il être bruler vif ?

O-Koli : Mes études simplement...

Lamby : Ton inspecteur et toi, vous me divertissez. Que voulez-vous dire ? La meilleure école est celle de là-bas ? Ta fainéantise sert de prétexte car tu ne veux pas faire les travaux champêtres. Tes collègues n'iront nulle part...

Tsely : pense à ton père affaibli, difficilement il se rend en forêt. Les autres ont des enfants qui chassent, pèchent au profit des parents. A ton absence nous ne mangerons que des feuilles.

O-Koli : Je le préfère pour mieux vivre plus tard.

Lamby : Pourquoi ne veux-tu pas nous comprendre ? Sais-tu que KONDZI, recruté dans l'armée, puis revenu au village par la force de nos ancêtres, invoqués par DOUMOUNA. L'homme noir est mystiquement plus fort que le blanc.

O-Koli : Mon plus grand souci est de vous quitter. Cela me cause de la peine. J'irai vivre auprès des inconnus. Comment serai-je traité ? C'est la vie d'un garçon ; bien obligé de partir, car ma place n'est plus ici.

SCENE 3: *L'arrivée de la délégation*

M. Boret : Chers parents, nous prenons votre fils pour aller continuer ses études à Fort-Rousset. Il sera interné. Tout lui sera gratuit.
LAMBY, boude puis monologue. Il n'est pas content du départ de son fils.

Lamby : Mon unique garçon parmi les filles ne doit pas s'éloigner, sinon ma vie n'aura plus de sens. Il doit m'aider dans les travaux champêtres. Voulez-vous me tuer ? Les autres sont aidés par leurs enfants. Je n'ai pas été à l'école pour les élever. Il y a multiples façons d'avoir le bonheur. Je ne vous le permets pas.

M. Boret : Fils ! Fais ton sac et met-le dans la voiture.

O-Koli : Oui Monsieur l'inspecteur c'est prêt,
(La voiture démarre suivie des pleurs. Maman roule par terre ainsi que ses filles. Voyant cela, des larmes fébriles coulent sur les joues du petit garçon).

M. Boret : N'es-tu pas content de poursuivre tes études ?

O-Koli : Si ! Bien sûr ! Je suis très content. Mes larmes prouvent à suffisance l'affection que j'ai pour mes parents. Ils ne devraient pas agir ainsi. Excusez-moi monsieur.

M. Boret : je veux te façonner. Tu seras plus que ces chasseurs et pécheurs. *LAMBY, paniqué court vers DOUMOUNA suivi du chef NDOMBI.*

SCENE 4: *Chez DOUMOUNA*

Lamby : Mon fils est ravi par les blancs. Je m'accroupis pour manifester mon mécontentement. Il doit me revenir.

Doumouna : Problème très facile, ne te lamente pas. Souviens-tu de la situation de KONDJI ?

Lamby : oui !

Doumouna : C'est pareil, ton fils va te revenir aujourd'hui même.

Chef Ndombi : Ne t'inquiète plus.

En repartant pour Fort-Rousset, à une certaine distance, précisément 4km le moteur de la voiture s'éteint. A l'instant, un nuage opaque couvre le ciel, la nuit tombe. Résultat des incantations de DOUMOUNA.

M. Boret : Oh ! Diable ! Du jamais vu ! La nuit en plein jour ! Repartons à Otsé-Bili. Poussons la voiture. *(Lorsqu'ils étaient proches du village M. BORET essaie de démarrer, le moteur s'allume. Le ciel s'éclaircit. "Drôle de miracle" cria M. BORET.*

Le doute plane chez certaines personnes. "Ont-ils oublié quelque chose ? Sont-ils revenus pour laisser O-KOLI" ?)

M. Boret : Nous concevons avoir raté la procédure, nous repartons pour réparer la voiture et on reviendra prendre votre fils légalement.
C'est incroyable de raconter ce qu'on a vécu. Tout le monde glorifie DOUMOUNA. Ses incantations laissent à désirer. Il est très compétant. Ainsi fait, LAMBY tue le plus gros coq du poulailler en faveur de son fils.

M. Boret : C'est au sujet de votre fils. Vous devez être content de son déplacement. On ne sait pas ce que l'avenir lui resserve. Ton fils a fait une bonne moyenne au CEPE. Il n'a plus de place au village. C'est un enfant très intelligent et mérite un bon suivi. Pour ne pas le rater, l'état le prend en charge. C'est un cadre en miniature. Pour clore mes propos voici trois bouteilles de Whisky, une dame Jeanne de vin rouge ainsi qu'une somme de dix mille francs. Quant à l'enfant, une casquette bleue, une chemise manches longues bleue, un pantalon blanc, une paire de baskets et des chaussettes rouges couleur du drapeau français ainsi un parfum d'une odeur exceptionnelle. *Cette tenue transforme immédiatement l'enfant paysan. Il pend l'aspect d'un citadin. A l'instant O-KOLI n'est plus le même. Malgré ce geste important, rien ne peut* *convaincre* LAMBY.

Lamby : Mon fils ne peut être votre esclave. Je ne le vends pas. Repartez avec vos biens.

Chef Ndombi : Appelez ANDOULE qui connaît la langue des blancs pour nous édifier.

Andoule : Je n'étais jamais sur les bancs de l'école mon français est celui de la rue. J'ai souvent des difficultés à comprendre RFI car c'est du vrai français. Ceux-ci sont des Français, ils parlent le vrai.

M. Boret : Mr ANDOULE, ceci est un présent en guise du respect à la famille de notre cher élève.

Andoule : Mr l'inspecteur que veut dire pèsent ?

M. Boret : Un cadeau que nous offrons à cette famille.

Andoule : Il vous donne ça pour rien.

Lamby : ANDOULE, demande bien. Les blancs achètent les personnes comme un vulgaire objet. Ils font le malin. Je ne veux pas. Que ceci ne soit pas comme De BRAZZA et MAKOKO. Comment un français et un congolais pouvaient se comprendre ? De BRAZZA parlait français ; MAKOKO parlait Téké jusqu'à présent le nom de leur interprète est encore inconnu. Ma chance est ta présence, toi qui parles français que ces blancs ne ravissent pas mon enfant. Pour un rien la France occupe le Congo.

Andoule : Mr l'inspecteur, il ne vend pas son fils.

M. Boret : Non ! Voyons ! L'esclavage est aboli depuis longtemps. Il n'en est plus question présentement. Son fils est notre ami.

Andoule : Ton fils devient leur ami. *Regardant son fils vêtu d'un beau costume, qu'aucun enfant de brousse ne peut posséder. La joie inonde son cœur, bien obligé d'accorder le voyage à son fils. Chef NDOMBI.* Si l'enfant ne présente aucun signe de vie nous irons chez DOUMOUNA pour le faire revenir. *Le vin est consommé, la joie gagne le groupe. M. BORET et sa suite sont satisfaits. LAMBY offre à la délégation, un gros bouc puis deux régimes de bananes. Celle-ci et O-KOLI repartent avec satisfaction sous les applaudissements des villageois*

SCENE 5 : *Deux mois après*

Lamby : Ayela, que ton fils me prenne un régime de bananes dans mon champ. Les animaux risqueront de gâter ces bananes.

Ayela : mon fils a autre chose à faire. Pourquoi as-tu permis au tien de voyager ?

Ikia : je suis le camarade de ton fils. Tu ne peux pas t'accabler en ma présence. Je vais prendre ce régime. (*Par haine, certains habitants recommandaient leurs enfants de ne plus aider LAMBY. Saisi de la nouvelle, chef NDOMBI convoque une retrouvaille d'urgence. Le matin tout le monde se réunit au pied du grand safoutier comme d'ordinaire : hommes, femmes, jeunes garçons et filles. Un notable se lève puis crie à haut voix pour signaler l'arrivée du chef. Tous se mettent à genou, signe d'honneur. Un autre notable demande de s'assoir.)*

Notable modérateur : Trois chefs ont commandé ce village. Ils ont dirigé avec doigté, recevaient des éloges dignes de chef. Quant à toi, chef digne de cette appellation, nous constatons un changement dans ce village. La réception des blancs est une des preuves tangibles. Les villages qui n'ont jamais reçu le blanc ont eu l'écho. Vous emboîtez le pas de vos prédécesseurs. Tous ces gens présents vous écoutent.

Chef Ndombi : Lamby et son épouse sont-ils présents ? *(Oui, répond l'assistance)*

Le chef n'incarne pas seul. On est chef parce qu'il y a des gens. J'ai des sages et les notables qui travaillent avec moi. Un adage dit :« Le chef du village ne voit pas le diable », pourquoi ? Au risque de voir le village se disloquer. Il le voit parfois. Notre village est régi par des lois que nous devons respecter. Aimons-nous les uns, les autres. Les années antérieures nous avons expulsé deux des nôtres de ce village, pour avoir désobéi. Nous devons vivre en collectivité. Notre coutume le recommande. L'individualisme n'obéit pas aux critères de nos coutumes. Pourquoi être hostile à Lamby et sa famille ? Ayela as-tu des divergences avec ce dernier ? J'avais mal digéré tes propos ce jour à son égard. Tu oses dire : « *Mon fils a autre chose à faire. Pourquoi as-tu permis au tien de partir »* ? Ce qui signifie qu'il n'y a plus de lien entre vous. D'où provient cette dissociation ? hormis Ayela, d'autre le disent. Nous étions tous chez Lamby pour le soutenir face aux blancs. Tout le monde avait bu et serré la main froide du blanc. Le vin était consommé ensemble. J'ordonne de bannir une telle mentalité. Les jeunes doivent se comporter comme IKIA. Quant à toi Lamby et ta famille, confiez-vous aux autres.

Ayela : Chef, je n'ai pas de problème particulier avec mon frère Lamby, ni avec sa famille. Ma fougue était contre mon épouse qui m'a énervé, au même instant qu'il me posait sa situation. Je le lui avais dit par manque de maîtrise. Que mon frère me pardonne. Voici un mouton en guise de pardon.

Akili : Les ruisseaux et les rivières ont des méandres par manque de géomètre. La femme n'est pas un objet à partager. La gentillesse de Lamby à l'égard de ma femme m'entraîne dans une erreur. Les investigations faites n'ont guère révélé un bon résultat. J'offre ce bouc pour effacer mes mauvaises intentions.

Odzet : Avoir de la rancœur contre quelqu'un n'est pas mon genre. Je ne suis pas un tueur d'âmes. Ma maison se situe à un pouce de la sienne. Comment peut-il me cacher une telle situation ? Lorsqu'il tue un gibier nous le dépeçons ensemble. Si je tue, nous faisons autant. Pourquoi m'a-t-il écarté lors de la réception des blancs ? Je ne serais pas parti aux champs ce jour. Aimons-nous les uns les autres. Partageons ensemble les moments de joie comme ceux de douleur. Voici deux calebasses de vin local. De pareille cérémonie exige ce vin car nos ancêtres sont présents ici.

Leto : Un jeune homme d'environ une trentaine d'années se lève, haut de taille, aux épaules de boxeur, aux mollets et biceps saillants, d'une démarche imposante, attire l'attention de l'assistant. Il s'agenouille devant le chef, esquissant avec ostentation un signe de respect. Le chef lui répond, posant deux fois le sceptre sur sa tête puis le tend vers sa place. Signe de considération. Il reprend sa place, debout puis commence : « *Je suis issu d'un père et d'une mère. Ils m'avaient recommandé d'épouser une fille du village, pas celle d'ailleurs. Pour respecter cette parole, j'ai estimé Longa, la fille de LAMBY. Pour l'attirer vers moi, je lui offrais du gibier et du poisson que je tuais ainsi que des pièces de monnaie. Le jour que je lui ai exprimé clairement mon ambition, elle m'a réfuté d'un revers de main* ».

Chef Ndomby : As-tu causé avec son père ?

Letos : Oui ! Actuellement on n'impose pas à la fille. Elle fait librement son choix d'après son père. Démoralisé, je ne vais plus chez eux. Recevez deux calebasses de vin local pour dissiper mes remords.

Chef Ndombi : Crois-tu convaincre Lamby par tes légers arguments ? Renseigne-toi avant d'agir.
Pour plus de considération, il fallait envoyer ton père.

Lamby : Mon père me disait : « *Ne t'éloigne pas des autres. Confie-toi aux autres. Lorsqu'on est en bonne santé, tout est possible, on trouve la nécessité de la cohabitation. Donne aux autres, les autres te donneront* ». Les habitants d'un village constituent une famille, se collaborent mutuellement pour l'existence d'une cohabitation. Hier ton message était bien entendu, mais je ne l'avais pas totalement apprécié.

Chef Ndombi : pourquoi ?

Lamby : Les blancs interdissent de fumer le tabac, car il tue, je n'en disconviens pas. Remarquez que nous avons des fumeurs parmi nous. Ils fument au fil des temps que nous parlons. Aucun décès enregistré. Je souhaite que le commandant écrive au chef des blancs qui a remplacé De Gaulle d'interdire la fabrication des armes car l'arme tue plus que le tabac. Qu'il ordonne la fermeture des usines d'armes puis celle de cigarettes car elle est à l'origine des guerres.
Son épouse Tsely se lève parmi d'autres femmes, retentissant un cri de joie, soutient l'idée de son mari suivi des applaudissements de l'assistance. Une voix s'élève et dit : leurs avions, polluent l'air, donnent la toux.

Chef Ndombi : Si les oreilles d'un sage sont sur la tête, où sont celles d'une personne non grata ?
Peut-on exiger aux oiseaux de se poser sur un arbre ? Obéira-il ?
Je transmettrai vos doléances à qui de droit. J'ai beaucoup de considérations pour vous car vous faites ma valeur. Le bouc et le mouton sont tués. Une bonne partie de la chair est jetée dans les immondices derrières les maisons. C'est de la part des mannes. La fête est belle.

SCENE 6 : *A Fort-Rousset*

Un brillant cursus scolaire enchante son père adoptif. Certains professeurs se méfient de lui. Il est capable de dénouer les erreurs d'un exercice au tableau. Un professeur déserte ses classes deux mois durant pour avoir mal équilibré une équation chimique. Les élèves désireux d'apprendre s'agrippent à lui, profitant de ses connaissances. M. BORET entretient le fils d'un pauvre déshérité comme son propre sang O-KOLI prouve à son père adoptif la sagesse nègre. Il fait admettre et persuader l'as d'un enfant né au fond de la brousse, calfeutré entre les forêts. Son cursus primaire caractérisait un essai. Il a bravé les difficultés du secondaire 1er et 2e degré avec mention excellent. M. BORET affolé dit : « Depuis que j'exerce ce métier, aucun élève ne concurrence cet enfant. C'est émouvant ». Il amène O-KOLI chez lui pour un repas en famille. Mme BORET respecte, à la lettre, les consignes de son mari. Tout est fait prêt dit-elle à table s'écria le mari. Chacun a sur son assiette une fourchette, un couteau, un torchon et un petit pot de cures dent. Une rude épreuve pour ce fils de paysan. O-KOLI regarde attentivement la manière dont se servent Monsieur et Dame. C'est sa première fois de manger à table, se servant d'un tel matériel. D'ailleurs, son père biologique n'en possède pas. Il se demande du rôle de ce morceau de tissu posé sur son assiette et celui du pot de bouts de brindilles taillées. A son tour, il se sert convenablement. D'un clin d'œil, il voit les gestes des habitués. A la fin, Mme BORET lui présente un récipient d'eau de source qui n'a pas le même goût que l'eau du ruisseau qu'il avait l'habitude de consommer. Il prend un demi verre pour une bonne digestion. Fière de ce geste, M. BORET lui fait des compliments : « Habitue-toi, car on ne sait jamais. Tu pourras un jour te retrouver parmi d'autres blancs à table. Tu iras en colonie de vacances au Gabon. Un avion te prendra pour Brazzaville. Là-bas un autre avion vous prendra pour le Gabon »

O-Koli : Que veut dire une colonie de vacances ?

M. Borêt : Vous irez apprendre beaucoup de choses, jouer, étudier la culture générale sur l'Afrique et le monde, apprendre l'art. Comme tu as ton bac, à ton retour tu iras étudier en Europe.

A l'orée du voyage, Mme BORET lui fait une valise contenant tout. O-KOLI se réjouit, chose jamais vécue. Une semaine après M. BORET rédige une missive aux parents biologiques annonçant le déplacement du fils. La nouvelle est propagée dans toute la contrée. O-KOLI est entré dans l'oiseau des blancs. Certainement celui qui est passé à basse altitude hier. Un signe de nous dire au revoir surenchérit Chef NDOMBI. Nous n'avons jamais vu pareil avion au-dessus de nos toits confirme Ayela, O-KOLI devient comme un blanc, ils le connaissent. Pourrait-il revenir ? Du retour des colonies de vacances, M. BORET et son épouse rassemblent toutes les friperies à leur possession pour remettre à la famille du fils adoptif. Cette fois, plus question de forte délégation. Il sera accompagné de sa femme et O-KOLI, précédés d'une lettre annonçant leur séjour.

Au lendemain de leur arrivée, tout le village se mobilise. Les hommes ramènent de la chasse des animaux dont une antilope, une gazelle, un lièvre et un porc-épic, tous vivants. Les femmes ramènent de la pêche, poisson de toutes sortes polyptères, silures, anguilles, loths. Des paniers d'ignames et des régimes de bananes, entassé dans un coin. Plusieurs calebasses de vin local sont prêtes pour agrémenter la fête sauf l'Arly n'a pas le droit d'être au risque de concurrencer le whisky. Les gens des villages riverains ont eu l'écho de la fête qui se déroulera à Otsé-Bili. Chacun fera de son mieux pour ne pas manquer.

Chef NDOMBY ordonne aux hommes d'écarter les animaux tués, les fumés. Je me demande si les blancs mangent la viande boucanée. On leur présentera les animaux vivants, je ne sais pas s'ils consomment le poisson fumé. En route vers Otsé-

Bili, M. BORET dit :

« Fils ! Je te conseille de contrôler ton alimentation au village. Ton organisme n'est plus adapté à la consommation de certains plats, au risque d'écouter notre séjour ».

A leur Arrivée à Otsé-Bili, M. Borêt, son épouse et ô-Koli sont accueillis par une danse traditionnelle. Ils ne comprennent pas le contenu des chansons mais écoutent leurs noms à travers les chants.

M. Boret : Pourquoi cette danse ?

O-Koli : Elle est organisée en l'honneur de votre couple.

M. Boret : J'entends nos noms ; que disent-ils ?

O-Koli : On vous accueille avec allégresse, soyez les bienvenus, vous êtes chez vous, n'ayez pas de pensées négatives.

Après s'être édifie, le couple se place à proximité de la danse puis chacun tend un billet de cinq mille francs aux danseurs ; signe d'encouragement.
Chef NDAMBI les installes puis présente le vin local. M. Borêt fait sortir du coffre de sa voiture, deux dames jeannes de vin rouge et deux bouteilles de whisky.
Pour faire croire qu'il consomme beaucoup Ayela

a bu tous les goûts et ce brassage le met en état d'ivresse. Evitant la honte devant les étrangers, chefs NDOMBI l'écarte de la cérémonie.

Dès la tombée de la nuit, M. Borêt et O-koli installent une grande tente d'environ trois pièces. Le couple occupe une pièce, une autre pour le fils et celle du devant de cuisine. Une maison sans paille ni tuile. Du haut en bas en tissu formidable s'écria Akili.

Le groupe électrogène allumé éclaire tout le village. Tout le monde est content, on le sent par des applaudissements et des ricanements. O-koli n'est plus celui d'avant. Les camarades de sa promotion ne s'approchent plus de lui. Ils sentent en lui une terrible influence due au complexe d'infériorité. Il a perdu les habitudes du village. Il est en réalité le même fils de Lamby et Tsely. Il mange le repas des blancs, maitrise leur langue puis marche souvent à leur côté. Il accomplit avec modestie ses tâches, pas souvent avec ses parents biologiques.

Les habitants vaquaient rapidement aux occupations quotidiennes dès l'aurore les blancs dorment beaucoup ne se réveillent pas tôt, disent-ils.

Pendant qu'ils dormaient, Lamby a ligoté le mouton pour le repas des étrangers.

Au moment qu'on s'affairait pour leur repas, le couple et leur fils prenaient un copieux déjeuner pour ne plus avoir de tracasserie à la sortie.

Assis sur les chaises de compagne, M. et dame auscultaient le beau paysage recevant ainsi des salutations. La blancheur de la voiture aux vitres, fumées attirent les jeunes garçons. D'un clin d'œil, M. Borêt apercevait une marmaille de garçons nu pieds entouraient la voiture, il disait :
« Le noir aime toucher ce qui brille, lorsqu'il touche, salit ».
Un cocotier planté au milieu de la cour attire l'attention de madame Borêt. Elle se dirige vers l'arbre appelant son époux de la rejoindre. Une grosse et vieille calebasse accrochée à une palme donnait impression d'un fruit produit par ce cocotier.

Mme Borêt : Comment s'appelle cet arbre ?

M. Borêt : Le cocotier

Mme Borêt : Que produit le cocotier ?

M. Borêt : Les noix de coco

Mme Borêt : Ce fruit est-ce une noix de coco ?

M. Borêt : Je ne sais pas, demandons à Ô-koli

O-koli : Cet arbre est un cocotier. Ce fruit est une vieille calebasse accrochée. Il soulève la calebasse de l'arbre en riant, le sourire gagne le couple.

Un jour, avant le retour de Fort-Rousset, tous les habitants du village se regroupent chez Lamby. Les vieux sont assis sur les chaises longues, les femmes sur des bancs, les jeunes les petits enfants sont débout. Lamby est assis parmi les personnes respectables. TSELY sa femme parmi les autres. M. Borêt, son épouse et le fils assis sur les chaises de campagne. O-koli devient l'interprète légal. Ils sont en face des habitants

Chef Ndombi : La journée de fête est souvent courte Le soleil ne tarde pas à se coucher. Votre retour nous plonge dans un souci inouï.
Nous avons toujours besoin de vous.
Voici une antilope, une gazelle, un lièvre et un porc-épic vivants. En plus de ces animaux sauvages, prenez aussi un bouc et un mouton.
On vous donne cinq cuvettes de poissons d'eau douce de toutes sortes, tous vivants. Dix régimes de bananes puis trois paniers d'ignames.

M. Boret : De tous les biens légués par Dieu, nul n'est au-dessus de l'enfant. Son importance n'est pas seulement de chasser, pêcher et de faire des cherrys. Il nait innocent, semblable à ses parents. On le berce, on l'éloigne du danger tantôt on le blâme puis on le console.
On a une extrême considération pour l'enfant. Tout ce qu'on fait de positif à son égard, c'est une éducation que nous lui inculquons. Cette éducation

de base permet à l'enfant de découvrir le positif et le négatif. Un enfant perd ses sens en s'orientant vers le négatif, lorsqu'il est favorisé par ses parents. Ne soyez pas irresponsables. Ne détruisez par l'avenir de vos enfants, envoyez-les à l'école. L'enfant doit se cultiver pour son épanouissement. Ce village regorge d'énormes potentialités humaines, cachées dans le domaine des champs, ignorant ce qu'ils sont. Le monde fait des progrès, l'avenir nous réserve multiples surprises. Savoir lire et écrire est un devoir primordial.

Lendoubou : Elever un enfant n'est pas facile, mais le voir souffrir fait de la peine. Nos enfants vont à cinq Km du village pour fréquenter. Ils endurent des peines, la pluie, les chicottes, les menaces des plus âgés, la faim. Tous ces maux déçoivent les parents que nous sommes. Ajouter à cela, la mauvaise foi des habitants de la localité. [Alors, là où guérit le riche c'est là que meurt le pauvre].
Les premiers des nôtres ont failli à cause de ces maux. Vous devenez l'un des nôtres.

Chef Ndombi : Lorsqu'on souffre d'un abcès, percez-le pour guérir. Lendoubou a tenu le mal à la racine. Vous avez ce privilège de nous implanter une école. Nous espérons en vous.

M. Boret : J'élabore une demande de création

d'une école, je la soumettrai à ma hiérarchie. Mes responsables l'accorderont, vu l'ampleur de la situation.

A la fin de l'entretien, O-Koli se réfère à son passé. Il quitta son village natal parcourant des Kms à pied, et pieds nus, même sous la pluie. Il recevait des fouets en cas de retard. Il passait deux journées affamées. La 1ère journée, un garçon plus âgé avait ravi son paquet contenant deux morceaux de viande après l'avoir battu. La 2ème fois, un corbeau avait dévoré sa nourriture accrochée au palmier. Un jour étant en classe, il pleuvait. Sa nourriture décrochée du palmier devait être mouillée. Dans l'incapacité manifeste de demander la permission, il est obligé de pleurer, comprenant ce geste, le maître l'autorisait de retirer ses objets du palmier pour les garder au bureau.
Toutes ces peines subies, le stimulent à travailler, ardemment à l'école.
Cette méditation se termine par un soupire. Il se rappelle du jour qu'il rendait visite à son oncle paternel au service, le surprenait répondre aux questions de son employeur. Il les suivait attentivement.

Cdt François : Lendoubou ! Comment vas-tu ?

Lendoubou : Apé-apé. Répondit

Lendoubou

Cdt François : As-tu taillé les fleurs de l'autre côté du jardin

Lendoubou : Oui missé

Cdt François : Celles plantées récemment sont-elles arrosées ?

Lendoubou : Oui missé, c'est fait

Cdt François : Poussent-elles bien ?

Lendoubou : Oui, apé apé.

Cdt François : Comment se portent les bêtes ? Je ne les vois pas ce matin !
Ce groupe nominal (les bêtes) parait difficile à prononcer, il montrait du doigt, le lieu où se cachaient les bêtes puis disait :
« Bèbête ; apé apé ». Le cdt tourne vers ô-koli puis demande : Jeune homme, ton parent me parle de apé apé puis bébête. Que signifie cela ?

O-koli : Apé apé, veut dire : un peu un peu, cependant bébête signifie : les bêtes.

Ainsi le ***Cdt François*** *le surnomme : Apé apé, son vrai nom disparait au profit du surnom. Tout le monde l'appelait : « Apé_apé ».*

SCENE 7 : *Au tour du feu*

Un soir autour du feu, l'école implantée suscite multiples réactions. Les plus âgés n'auront pas accès. L'interdiction des jeunes filles par la coutume du port des robes et jupes courtes, laissant les cuisses au vu de tous. Elles se soumettent pour ne pas entraver nos lois. Leur devoir est d'aider les mamans aux travaux ménagers. Les garçons ayant l'âge scolaire désistent. Ils sont habitués à chasser ou pêcher. Ils ont acquis l'esprit libéral, aiment la facilité.

Ikia: *regrette amèrement son passé.* Mon ami de classe O-koli parcourt puis découvre des horizons nouveaux. Je ne pourrai plus l'approcher, je me sentirai annéantie à ses côtés. L'école est une nécessité voyant ce que devient ce petit que je brimais.

Leto. Mon maître me mettait entre ses jambes, me chicotait à l'aide d'une liane malgré le sang qui coulait. Ces peines ne me donnaient pas l'opportunité de supporter, bien obligé de fuir. Ainsi, les bienfaits de l'école sont passés outre. Je me demande si les blancs qui ont créé ce système, battent ceux de leur peau comme les nôtres. Ce sorcier de maître, je ne le croiserai jamais sur mon chemin. Je le hais jusqu'à ma mort

Odzet : La mort de ma mère est la seule cause de mon échec. Etant orphelin de mère, je n'avais personne pour me ravitailler en nourriture. La douleur au cœur, mon père m'empêchait de poursuivre les études. Je devrais être au même diapason qu'O-koli.

Un autre jeune : Ceux qui reviennent de l'école ont le ventre creux, ceux qui reviennent de la pêche vendent du poisson, trouvent de l'argent puis mangent à leur faim. Il faut attendre des années pour avoir l'argent de l'école. Je ne m'approcherai pas de ce milieu.

Ikia : Jeunes, ne demeurons pas rattachés à la tradition. L'école ouvre la voie au modernisme M. Borêt nous a édifié sur l'importance de la scolarité. Le disant, il savait pertinemment nos réalités. En parlant, il ne faisait guère état des interdits. Filles et garçons, nous sommes humains. Prénons nos responsabilités. Au bureau du Cdt François comme à l'hôpital du centre, les femmes exercent leur métier et parlent français. C'est pour nous une preuve qui prouve qu'elles ont fréquenté. Pourquoi marginaliser les nôtres ?

Leto : Demandons au chef NDOMBI d'organiser un rituel à ce propos, pour Supplier nos mânes afin de bannir cette interdiction. Que les filles partent à l'école. Ouvrons nôtre localité au monde extérieur

pour comprendre ce que font les autres.
Pour le faire, composons une équipe dynamique constituée par ceux qui ont le niveau élémentaire. Chef NDOMBI sera parmi les sages, mais premier conseiller. Soumettons cette doléance au cdt François, il sera de notre avis.

Odzet : Notre obstacle hier était l'éloignement. Donnons l'opportunité aux jeunes, car l'école est dans le village, par elle, notre localité pourra atteindre l'émergence dans les jours à venir.
Ne restons pas figés, lions nos coutumes à la modernité.

SCENE 8:

L'aide portée par M. Borêt à la famille biologique de son fils adoptif entraine un sentiment d'orgueil à ces derniers.

Tsely : Quelle possibilité pouvais-tu avoir pour m'offrir ce que je possède maintenant ? Dans cette localité, aucune femme n'a de biens comme moi. Aucun homme ne possède ce que tu as. J'apprends que nous sommes riches.

Lamby : C'est en cela que toute personne accablée, demande un secourt à nous. Akili a emprunté mon costume blanc que je porte souvent quand je me déplace.

Tsely : A-t-il des chaussures pour le porter ?

Lamby : Je le lui ai remis sans chaussures. Ces talons ont des rainures qui abîmeront mes chaussettes.

Tsely : M. Borêt est l'envoyé de Dieu. Nous devenons ce que nous sommes grâce à lui.

Lamby : C'est exact, il est l'ange du ciel.
Sans achever leurs propos, la voiture de M. Borêt surgit. Le chauffeur sort, plus quelqu'un d'autre. L'enfant du terroir transmet en langue vernaculaire le message. Tressaillis de joie. Ils Retentissent des cris. Le monde accourt vers eux, pour s'acquérir du mobile. A l'instant la foule devient compacte. S'adressant à la foule, il dit :
O-koli est appelé urgemment au pays des Français où il vivra dorénavant.

Andoule : C'est ainsi les biens faits de l'école. Qui sème bien récolte bien. Une fois installé, il vous appellera, soyez en sûr.

Dès l'aurore, Lamby et son épouse entrent dans le moyen qui les conduit à fort –Roussert. Le moyen filait à une extrême allure dont les voyageurs se trouvent dans l'incapacité totale de supporter les arbres qui défilaient. Le paysage changeait de temps à autre. Les inhabituels souffrant de vertiges, fermaient les yeux. Le long de voyage l'odeur du carburant provoque la nausée aux voyageurs, Mme Lamby ouvre l'issue de secourt pour vomir. Son mari fait autant, le conducteur ne s'étonne point connaissant les siens.

Chemin faisant, ils arrivent à la Mvouma. Le conducteur gare la voiture au bord de la route, descend, remarque qu'il est impossible de se laver. L'eau est salie par des pêcheurs qui vident les étangs en amont. A la Loussa, le conducteur gare le moyen au bord du ruisseau, oriente les époux au point convenable pour se laver. Les demandes de porter de beaux habits. Pendant que Monsieur et dame se lavaient, le conducteur nettoyait la voiture de l'intérieur à l'extérieur puis la parfume.

Tsely, habillée d'une belle camisole, de deux pagnes noués autour des reins, son mouchoir de tête bien attaché, chaussée de belles sandales, s'est rajeunie, comparable à une citadinne, pénètre dans la voiture. Lamby, vêtu d'un beau costume bleu nuit, chaussettes et souliers noirs, coiffé d'un feutre bleu à l'aspect d'un vieux colon récemment venu de Paris, entre dans la voiture. L'odeur de la voiture n'est plus comme précédemment dit-il.

C'est pour empêcher les vomissements. Prenez soin de vous, nous arriverons à la maison dans un instant. Je suis ravi de votre habillement, assure le conducteur.

La voiture s'immobilise devant la porte. Le couple

Borêt est debout sous la véranda, attendant le couple Lamby. Ils sortent de la voiture, vêtus comme des citadins. O-koli reçoit les visiteurs, le sourire aux lèvres, les dirigent vers le couple Borêt. Après les accolades, Mme Borêt les installe. Le conducteur retire du coffre un mouton, un porc-épic vivant, un régime de bananes douces, un panier d'ignames et un autre panier d'arachides décortiquées. Mme Borêt ordonne de le stocker dans la cuisine. Veillez à la bête, dit-elle puis embrasse de nouveau celle qui devient sa seconde mère.
Ces derniers n'ont rien mis sous la dent, demandez ce qu'ils veulent manger.
Du poisson d'eau douce et nous mangerons de préférence dans la cuisine disent-ils.
Chaque pièce de la maison comporte une chambre à coucher, une douche, des toilettes et un lavabo.

SCENE 9 : *A Fort Rousset*

Lamby : Comment faites-vous lorsque vous manifestez le désir d'aller aux toilettes ?

O-Koli : Nos toilettes sont dans la maison, répond son fils.

L'enfant fait visiter aux parents leur chambre

montrant les divers compartiments et leur utilité. Ici la douche, la chambre à coucher, là-bas les toilettes. Après utilisation, appuyez ce bouton pour évacuer les excréments.

Lamby : Ce joli objet creux sans trou peut évacuer les excréments, où ? Un récipient très propre, où l'on peut boire de l'eau. Tu nous trompes.

Pour dissiper le doute, O-koli jette un morceau de papier hygiénique dans le creux, appuie le bouton, l'eau évacue le papier sous l'œil observateur du couple.

M. Boret : Demain soir, les responsables de ton établissement t'accueilleront. Ils te repèreront facilement par la tenue que tu porteras.
A la faculté, nombreux de tes collègues proviendront de divers horizons. La majorité sera blanche c'est une université d'élite. Tu ne dois pas te laisser influencer par qui que ce soit, ni par quoi que ce soit. Tu iras étudier et non autre chose. Nous ne serons plus à tes cotés. Ta manière de bien travailler et ton comportement t'ouvriront les portes aux inconnus. Les blancs en général, particulièrement les français s'agrippent à quelqu'un pour tirer profit. Tu devras travailler sans relâche pour atteindre l'excellence. Gagner la confiance de tes responsables devra être pour toi ton crédo. Tu ne dois pas te laisser guider par tes

émotions. En salle, tu dois avoir les capacités de rétention. C'est heureux de ramener tous les diplômes universitaires. La solitude t'éreintera, provocant de remords au premier moment, tu finiras par t'adapter.
Tu ne dois pas t'empiffrer de boissons alcoolisées sous prétexte de remonter cette difficulté. Cette procédure est destructive. Exercer ce qui te plaira pour atténuer ce dont tu souffres. La lecture est l'une des procédures primordiales. Profite d'une telle aubaine si précieuse. Tous ces moyens prépondérants, conduisent à ta réussite.
J'insiste sur tes études faisant foi à ta puberté.
Qui veut s'asseoir sur deux chaises se retrouvera à terre. Le temps de tes études est extensible, sauf si tu deviens extenué.
Aucun africain ne peut parvenir sans l'aide de la métropole.

Bonne chance. !!!

Conseils des parents biologiques,
En ce qui concerne ce système, nous sommes profanes. Nous conférons avec M. Borêt. Tu vas pour les études. Souviens –toi qu'une antilope ne met pas bas Une gazelle. N'oublie pas qui tu es. Après avoir prodigué quelques conseils, le père broie une noix de cola mêlée aux grains de piment indigène, crache sur la face, sur le sternum puis sur les psaumes de son fils. L'introduit deux fois entre

ses jambes.

O-koli devient content de cette bénédiction qui le protègera contre toutes influences maléfiques

Le couple Lamby regagne le village avec allégresse. Deux mois de repos à Fort-Rousset, modifie le mode de vie du couple. Peut-être le fait de vivre auprès des blancs.

Chaque habitant reçoit du couple Lamby, une poignée de sel, du poisson salé, du savon, du pain autrement appelé le manioc du blanc, un verre de riz. En s'exprimant, ils mélangeaient le patois aux mots français, maladroitement employés.

Tsely purgea une journée à jeun pour avoir utilisé : « mange tout » à sa fille qui demandait la nourriture. Or, pour Tsely, mange tout signifie prend ta part, laisse la mienne.

Une fois, en buvant du vin local avec ses collègues, Lamby se lève en disant : « lévié Lamby, il bi, il pale comme épéloqué élile Mbamou », voulant ainsi dire : « le vieux Lamby, a bu, il parle comme le perroquet à l'île Mbamou ».

Après une grande pluie la nuit, ce matin-là, son voisin demande des allumettes en ces termes : « prête-moi le feu des blancs, le mien est éteint la nuit ». Inrien, on vra ça répond Lamby. Le temps de prendre les allumettes suffisait à ce dernier pour accuser Lamby chez le chef du village pour injure. A l'instant Lamby est appelé pour se justifier. Une amande de mille cinq cent francs et un bouc vivant, lui est infligée.

Après audition, Andoule intervient en disant : « chef, comprenez que la langue exprimée par Lamby n'est pas la nôtre. Nous l'apprenons et on s'efforce de la comprendre. Ni ton entourage, ni le plaignant, personne n'a compris Lamby. C'est irrévérencieux si d'autres villages l'apprennent. Avaient-ils noise pour recevoir un tel châtiment ? Je ne crois pas. Quel courage a-t-il pour s'approcher de l'autre puis en demander.
Lamby a simplement dit : « de rien, on verra » ?
A mon avis, exiger une rançon à notre collègue, c'est ingrat. Grâce à Andoule, la rançon est annulée.

SCENE 10 : *Pendant la nuit*

Dans une nuit sombre, privée de lune, Odzé profite de l'obscurité pour se rendre chez Lamby, accompagné de son garçon. Ils passaient inaperçus derrière les cases, évitant les curieux, voulant s'enquérir du mobile de la visite.
Au fond du cœur, il souhaitait la simplicité de Lamby afin de livrer le secret sans complication. Il est humble et ne me cachera rien, surtout que nous sommes parentés. Sa mère était la petite fille de l'arrière-grand-père du grand père de ma mère.
Assis sur la longue chaise, les pieds allongés vers le feu, posés sur les bois de chauffe, Lamby méditait sur ce qu'il entreprendra demain. Soudain, une personne tousse à quelques mètres,

marquant la présence d'un étranger.

Odzé *:* Notre coutume nous enseigne de ne pas causer avec un responsable les mains vides. Voici cette calebasse de vin de palme pour mieux causer.

Lamby : *Après une prise de deux gorgées, sachant qu'on va lui poser certainement un problème,* Dites-moi le mobile de cette visite. Je vous écoute.

Odzé *:* Effectivement, il y a trois jours que je ne dors pas. Ma conscience me pousse à venir vous poser mon problème. Je veux savoir ce que tu as fait à ton fils pour qu'il devienne ainsi. J'aimerais que le mien soit pareil au tien.

Quelques minutes suffisent pour répondre à Odzé.

Lamby *:* Appliquer ces principes pour de meilleurs résultats. Tous les jours avant le lever du soleil, donne du jus d'ananas bouilli à la citronnelle à ton fils. Fils, tu liras tes cahiers sans relâche, matin, midi et avant de te coucher. Ne rate aucun jour au risque de t'affoler. Evite les groupes d'amis et des loisirs inutiles.

La maison de Lamby est une case battue sur pilotis. Les troncs de palétuvier superposés servaient de marches. Une porte en bambou donnait accès. De petites fenêtres aux cadres de liège aéraient la case. La fumée provenant du foyer de maman Tsely inondait toutes les pièces, piquait les yeux et il avait de la peine à respirer. C'est de cette manière que les moustiques étaient chassés. Les chèvres, les moutons, les porcs occupaient le dessous de la case, une autre partie réservée à la volaille. L'odeur des excréments ne gênait guère. Lamby et sa femme sont sympathiques. Ils aiment tout le monde. Le hangar de Lamby était le plus fréquenté du village. Le vin rouge et le whiky ravitaillés par monsieur Boret, rendaient agréables les causeries du soir autour du feu. On respectait la famille Lamby par crainte de monsieur Boret. Personne ne pouvait s'hasarder à cette famille.

Monsieur Boret reçoit une lettre provenant de France, écrite par le recteur de l'université où évolue Ô-Koli. Cette lettre faisait foi des éloges au fils du paysan. Admis à la licence avec mention excellent. Le recteur propose ne pas l'envoyer travailler en Afrique. Les dirigeants africains utilisent mal les cadres, soit par haine, soit par jalousie. La France l'embauchera à bon escient. Cet enfant me fait honneur. A chaque diplôme, il obtient toujours la même mention. Laissons-le continuer ses études, le reste s'ensuivra, répond monsieur Boret.

L'année du doctorat est problématique pour Ô-Koli. Ses parents adoptifs veulent lui épouser une blanche de son niveau d'étude. Les parents biologiques lui ont épousé la plus belle fille du

village, admirable, attirante, élégante, scintillante comme le soleil qui se lève, attrayante comme une fleur rose. Elle pourra égaler la femme blanche, une manière de prouver au couple Boret que l'Afrique possède aussi de plus belles femmes.
La fille d'Ikia est présentée à Monsieur Boret. Suite à leur intervention, Monsieur Boret en déduit que malgré sa beauté et son élégance, elle ne sait ni lire, ni écrire. Elle ne s'exprime qu'en langue vernaculaire. Ô-Koli a un bagage intellectuel conséquent. Il ne peut pas épouser une telle fille, quelle que belle soit-elle.

SCENE 11 : *A Paris*

A Paris, mademoiselle Sabrina avait fait la connaissance du jeune garçon africain depuis leur deuxième année à la faculté. Fréquemment, ils sont ensemble. Sabrina manifestait une jalousie accrue quand elle voyait une autre fille à côté de son ami. Maintes fois, au cours des causeries en famille, elle ne cessait de dire aux parents qu'elle est africaine. Sa mère considère que sa fille faisait des blagues, car elle n'aimait pas l'Afrique. Quant à son père, après une longue et minutieuse réflexion demande à sa fille le sens de ses propos, sans hésitation, elle dit toute la vérité aux parents. Alors, ses parents deviennent rassurés qu'elle épousera un africain.

Avec la permission de Sabrina, ces derniers invitent Ô-Koli. Un soir, avant de rentrer chez elle, Sabrina informe Ô-Koli de l'invitation que lui proposent ses parents. L'africain tremble de frayeur. Beaucoup de pensées troublent ainsi son esprit, et pour la première fois, il pense à ses parents biologiques depuis que le jeune Ô-Koli vit à Paris. Ainsi, se pose-t-il mille et une questions : Va-t-elle me trahir ? Comment peut-elle me trahir ? A-t-elle réfléchi avant d'agir ?
Le garçon n'a pu fermer l'œil de nuit. Il a fini tous les versets et les prières bibliques pour implorer la bonté divine.
Le lendemain, sa copine l'a ainsi conduit chez ses parents. Contrairement à ce que pensait Ô-Koli, l'accueil était plus que chaleureux.
Avant son retour,

Le Père de Sabrina : *lui demande directement*, qu'envisages-tu de ta relation avec Sabrina ?

O-Koli *:* Ce que dit votre fille est exact, mais j'agirai le moment venu, avec le consentement de mon père adoptif. Il sera ici à Paris la semaine prochaine.

La soutenance de la thèse de Doctorat d'Ô-Koli a épaté tous les blancs qui étaient présents dans la salle. Jusqu'ici, ce digne fils d'Afrique garde sa

place de major de sa promotion au plus grand étonnement de tous les responsables de son établissement. Depuis lors jusqu'à maintenant, ils n'ont toujours pas eu un moyen de le placer au second rang. Il reçoit plusieurs cadeaux venant des parents de Sabrina qui organisent tout une fête à l'honneur des deux lauréats (Ô-Koli et Sabrina).
Ô-Koli est devenu la coqueluche des français au point où ceux qui ne l'ont jamais vu, cherchaient à le voir et à le toucher. Des invitations urgent de partout. Le président chinois l'invite en Chine. Mais avant de partir, il doit être reçu par le président français. Le président de l'académie française l'invite à la Sorbonne. Pour répondre à ses invitations, il exige la présence de son père adoptif. Ainsi, le coule Boret amène à Paris le couple Lamby. Ô-Koli, Sabrina leurs amis de l'université, le Recteur, la famille de Sabrina viennent accueillir les deux couples (Boret et Lamby) à l'aéroport Roissy Charles de GAUL.
La famille de Sabrina souhaite héberger le couple Lamby mais Monsieur Boret s'oppose car sa femme et lui sont les seuls à maitriser leur mode de vie. A cet effet, eut lieu la présentation de la famille de Sabrina aux couples Boret et Lamby suivi du recteur, ami de Monsieur Boret.

A leur descente de l'avion, troublé par les merveilles de Paris, les parents biologiques se sentaient éblouis. Des lumières de toutes les couleurs brillaient partout. La fraicheur prenait l'ampleur. Dans la salle d'attente, incapables de supporter, Lamby déclare

Lamby : Tsely, je sens une perturbation de mémoire. Ces jeux de lumière multicolore ne me conviennent pas, ils me dérangent.

Tsely : Idem pour moi, souhaitons arriver à destination

Lamby : Ces feux existent depuis longtemps ou c'est fait uniquement pour nous nuire ?

Ô-Koli : Ils sont là depuis des années, comment peux-tu dire qu'ils sont là pour nous nuire ?

Lamby : Oui ! Sachant qu'il y a des indigènes, venus pour la première fois à Paris.

Ô-Koli : Paris est une ville hospitalière. On n'est pas jaloux, vous êtes nombreux. Ces feux embellissent le milieu puis font la beauté de la ville. Tout au long de notre parcourt vous constaterez des jardins florissants

Le hall conduisant à la sortie est équipé d'un escalier roulant. Prenant accès sur les marches, pris de peur, trébuchant, et évitant la chute, M. Borêt tient Lamby, recommande à son épouse de faire autant à Tsely. Imitez nos pas instruit

monsieur Borêt.

Tsely : cet objet peut facilement casser le pied en cas de chute.

Lamby : il n'a ni début, ni fin. Sa rotation est continuelle.
Les parisiens Lamby et Tsely se conforment aux réalités du milieu. Ils s'expriment en français avec les blancs cette fois, la frousse est dissipée. Ayant persuadé cette amélioration, de la part du couple Lamby, M.Borêt invite l'amie de O-koli et ses parents, le recteur et son suppléant, quelques collègues de la faculté pour un repas en faveur de Ô-Koli. Après une brève genèse du cursus scolaire de ce dernier, *M.* Borêt se présente, présente son épouse puis les parents biologiques. Tous debout devant les invités, M. Borêt prie à Lamly de prononcer brièvement un mot puis présenter le festin.

Lamby : *placé entre deux femmes* : mon prédécesseur a narré l'essentiel. A mon avis tout est édifiant. Nous avons prévu un menu de divers plats. Les tomates à la salade.

Mme Borêt : *sur la pointe des pieds souffle à son oreille*, de la salade à la tomate *fait-il répéter à Lamby*

Lamby : de la salade à la tomate, il y a également la banane. *Mm Borêt sur la pointe des pieds souffle à son oreille* : « de la banane ».

Lamby : de la banane, un plat des poissons d'eau douce.

Mm Borêt : *sur la pointe des pieds souffle à l'oreille* « un plat de poisson d'eau douce ».

Lamby : un plat de poisson d'eau douce, les bols blancs sont, la viande de brousse.

Mm Borêt : soufflant *toujours à l'oreille de Lamby.* « Les bols blancs sont de la viande de brousse. ».

Lamby : la dessert est constitué des ananas, avocats, des bananes douces ainsi que des mangues sucrées.

Mme Borêt : *souffle toujours à l'oreille* : « le désert » trouvant *le geste de Mm Borêt amusant, le mot se termine par des applaudissements.*

M. Borêt : Tant bien que mal, les blancs encouragent en applaudissant.

A la suite du repas, s'installe une causerie avec les siens. A cet effet, des questions sont posées à O-Koli.

Un Français : Où as-tu fait le cycle primaire ? En France ?

O- Koli : non ! Ce cycle pour moi était une pénitence. Raison pour laquelle nombreux de nos collègues abandonnaient les études.

Un Haïtien : C'est dans ton pays que tu as fait ton certificat d'études primaires élémentaires ?

O-Koli : Oui ! Avoir ce premier diplôme méritait la volonté et le sacrifice. Si jeune à douze ou à treize ans loin du village natal, loin des parents.

Français : Quand es-tu venu en France, après l'obtention de ce diplôme ?

O-Koli : Je suis en France après mon baccalauréat.

Haïtien : Qui soutenait des études ?

O-Koli : Mes parents adoptifs avaient pris l'engagement.

Français : comment ont-il connu, un petit enfant de ton âge ?

Ô- Koli : Par le résultat de mes efforts ou de mon travail. J'étais le meilleur élève de ma circonscription, meilleur élève de mon pays. M. Borêt étant chef de la circonscription a fait ma connaissance puis m'a adopté. Ce qui m'a permis de faire le collège d'enseignement général. Obtenir le brevet d'étude du premier degré. Ayant l'ambition de parvenir, cela m'a propulsé au lycée, avoir mon baccalauréat. Tous ces examens étaient supervisés par les blancs.

Indien : Ton père adoptif ne te favorisait pas ?

O-Koli : Au contraire, il était très sévère et rigoureux.

Asiatique : Etant indépendant les colons vous commandent la formation des élites en dépend. A peine indépendant, l'appareil étatique demeure colonial.

Afro-américain : Combien de ta promotion ont ton niveau ?

Ô-koli : Je suis unique de ma promotion.

Américain : Pourquoi sont-ils restés à mi-parcourir ?

O-koli : Plusieurs raisons le justifient. Ne sachant pas l'importance de l'école, ne pas aimer de tout cœur ce qu'on désire

Asiatique : Etale-nous ton secret.

Ô-koli : J'ai réussi grâce à l'orientation et à la contribution de mes parents adoptifs. Je suis ambitieux, persévérant et réaliste.

Afro-américain : Que diras-tu si la France sollicite ta naturalisation ?

Ô-koli : Cette question est à la compétence de mes parents adoptifs.

Indien : Ta famille biologique sera-t-elle en accord ?

Ô-koli : les parents veulent l'émergence de l'enfant.

Français : Les collègues restés à mi-chemin auront quel sentiment en te voyant aujourd'hui ?

Ô-koli : Ils auront un complexe d'infériorité, sauf le courageux s'approchera de moi mais, avec gène.

Haïtien : S'il en ait ainsi quelle stratégie auras-tu à leur égard ?

Ô-koli : Ne pas les rejeter, les côtoyer, les faire intéresser

Asiatique : faire une comparaison entre ta capitale et celle dont tu vis actuellement.

Ô-koli : Tout n'est pas comparable, personne ne dira que ses parents sont laids. Malgré les plaies sur les seins de maman on en sucera sans dédain.

Indien : A la pénétration européenne, les blancs étaient confrontés à quoi ?

Ô-koli : Historiquement on nous apprend que les africains en général particulièrement les congolais se sont farouchement opposés.

Asiatique : Avec quel moyen de défense ?

Ô-koli : Pendant la période ancestrale, avant l'arrivée des blancs, il y'avait des conflits entre tributs. Nos aïeux forgeaient des lances, des flèches, des couteaux pour se défendre.

Français : Les blancs utilisaient les fusils. Comment celui qui a la lance peut-il résister ?

Ô-koli : Ces lances et ces flèches étaient spécialement pour la guerre, car elles étaient de longue portée. Il y avait aussi des obus qui dévastaient tout au passage. Ces obus ne tenaient pas compte de la distance à laquelle se trouvait l'ennemi.

Haïtien : les envahisseurs ont dominé car ils ont emporté les hommes valides.

O-koli : La corruption et la trahison sont les causes principales.

Américain : N'avaient-ils pas de protection ?

O-koli : Ils en avaient de toutes sortes : anti balle, l'invisibilité, le dédoublement. Les grands sorciers africains sont capables de se transformer en éléphant, en arbre, en termitière. Ils se communiquaient à base d'un objet dont l'antenne est le poil de la queue d'un éléphant.
Pour localiser l'ennemi, ils utilisaient un esprit converti en mouche et raconte ce qui est dit par l'adversaire. Avec un grand feu de bois l'homme monte dans l'espace, entrainer par la fumée. Le système de paralysie se faisait en donnant la fatigue ainsi que la lourdeur aux ennemis pour les surprendre.

Américain : comment les africain traitaient-ils un malade ?

O-koli : La médecine traditionnelle était très efficace, la guérison était prompte. Les produits étaient des feuilles, des écorces, des tubercules ou des fruits. L'hysope guérit vite les maux de tête et les fièvres. L'Afrique a ses réalités incontestables.
Les années antérieures des congolais étaient
Partis à Paris abord de leur propre avion, ils ont eu des difficultés pour répartir à propos d'une panne

d'essence. Pour ravitailler l'avion il fallait remplir certaines formalités puis déposer les cartes d'identités (fait vécu et réelle habitant de Makana. Ce fait prouve que l'Afrique a des potentialités exceptionnelles.

Haïtien : Ton pays a une industrie de fabrication des avions ?

O-koli : Un profane ne sait pas, on voit parfois les résultats. Ses pratiques s'opèrent pendant la nuit en utilisant une force surnaturelle. Tout est occulte. Un état-major est constitué pour la circonstance.

Indien : manque-t-ils certaines choses non écrites ?

O-koli : L'histoire africaine est écrite avec beaucoup d'imperfections. Le colon écrit ce qui est en sa faveur. Il ne peut pas écrire le côté positif africain.

Américain : revenons au sujet qui te concerne : tes parents biologiques vivent désormais avec toi en France ?
O-koli : Présentement. Ils veulent rentrer au pays car, ils ont un projet à superviser.

Français : Epouseras-tu mademoiselle Sabrina ou c'est juste un passetemps ?

O-koli : Elle poursuivra ses études comme moi. Nous avons cette vision de nous marier, pour l'instant, laissant le temps agir.

Asiatique : Ta famille biologique aimera que tu épouses une blanche ?

O-koli : C'est à l'honneur de ma famille adoptive.

Afro-américain : Que penses-tu si ton pays d'origine te propose un poste ministériel ?

Okoli : Faire la politique chez nous conduira à deux finalités soit la prison ou être exécuté.

Des mois avant le départ pour la France, M. Borêt entreprend plusieurs activités notamment :
Une palmeraie pour l'extraction d'huile de palme, une savonnerie, une ananeraie pour faire le jus d'ananas, une bananeraie, la sculpture, l'élevage des caprins, bovins, et de la volaille. La construction d'une superbe et coquette habitation d'un niveau, attrayant n'échappant aux regards du passant demeure la fierté de la localité. Lamby bénéficie d'une villa de quatre pièces d'un vaste salon équipé de fauteuils et d'une table en liane vernissée. Agrandit la superficie scolaire en érigeant de nouveau bâtiment. Un collège d'enseignement général, un internat et un centre de santé sont implantés. L'installation d'une église

Catholique pour conscientisation et la conversion des indigènes. Les baptisés méprisaient ceux de l'état primitif en visite privée à OTSE BILI, commandant François est étonné des réalisations.

Cdt François : ce grand labeur sera au profit de la population.

M. Borêt : en vertu de quoi le dites-vous ?

Cdt François : Nous irons de ce pays. Les cadres africains prendront la relève. Il fallait entreprendre ces travaux en France.
Pourriez-vous déplacer cette richesse ? A mon entendement c'est un gâchis.

M. Borêt : Le dossier est au nom de mon fils adoptif, natif de ce pays. Ainsi, il y a une sécurité. Un membre de cette famille malade, sera soigné grâce aux revenus de ces activités.

Cdt François : Lorsque notre pays nous recommande de cesser puis rentrer. Que ferez-vous ?

M. Borêt : Mon épouse et moi, ferons du Congo, notre seconde patrie, OTSE Bili notre village préférentiel.

Cdt François : Boundji seul sera incapable d'acheter et finir ces produits

M. Borêt : Le choix de cette localité n'est pas une fatalité. Sa position géographique, son hydrographie, son réseau routier faciliteront l'écoulement des produits vers les grandes agglomérations. Développer rénover le coin touristique Bili-bar patrimoine de l'Etat. Créer un stade de football pour que les jeunes se divertissent. Ici, la main œuvre n'est pas exorbitante comme en France. Donne à ces villages l'éloge d'une petite ville joignant à lui ses pairs. Telle est ma perspective.
Le déplacement du couple Lamby pour la France est un émoi. On ne le croyait pas dans toute la contrée un seul langage ; les progrès scolaires de l'enfant intègre Ô-koli. D'autres villages construisent des hangars comme salle de classe multigrade les bancs et tables sont des troncs d'arbres tailles à la machette superposés sur des pieux.
André avec sa délégation surgit un bon matin chez le commandant François.

Cdt François : Bonjour messieurs
André chef de la délégation ne sachant s'exprimer confond bonjour à obon, habitation de son village répond : « obon est resté, il n'est pas dans le groupe ». Pour que les deux se comprennent, le Cdt François appelle l'interprète pour un entretien lucide.

Cdt François : De quel village venez-vous ?

Interprète : Ils viennent d'Okou.
Cdt François : Quel vent vous emmène vers moi ?

André : Faire parler le chef ventre creux est une in considération. Il donne au Cdt cinq dal de vin local, un bélier, deux paniers de maniguettes sucrées.

Interprète : Ces cadeaux sont à vous.

Cdt François : dites au chef le mobile de votre visite.

André : Lorsqu'un groupe d'oiseau se déplace la nuit l'entente a été pendant la journée. Idem pour des personnes. Nous sollicitons l'ouverture d'une école. Les cases en terre battue, des toits en paille sont prêts. Nous ne voulons pas être les derniers de la circonscription.

Cdt François : Vous me surprenez : est-ce vrai ? Tuer du gibier et du poisson devient mauvais ?

André : Nous sommes convaincus de la disparition de nos coutumes avec les transformations de la société.

Cdt François : Interprète, ces cadeaux sont une sorte de corruption.

Interprète : Patron, la délégation a respecté les règles de vie de nos coutumes. Elle n'a pas tort pour agir ainsi.

Cdt François : Mon expérience ne me détrompe pas. Interdire à l'africain de ne pas toucher le feu est insuffisant, le laisser se brûler est mieux. Le chef de ce département est absent. Il me donnera des orientations. Vous êtes nombreux à poser ce problème. Vous aurez la suite prochainement.
A l'orée du retour couple Boret et Lamby, le cdt François invite les villages concernés à Otse-bili. Chaque locaité représentée par le chef, les sages et la notabilité.

Cdt François : y a-t-il un village absent ?

Assistance : Nous sommes tous présents.

Cdt François : Vous venez souvent à mon bureau solliciter l'ouverture d'une école dans vos localités. Nous devons être sérieux en écoutant les autres. Il y aura des directives puis des décisions à prendre unanimement. M. Borêt chef de ce département est en vacances à Paris. Si aujourd'hui je parle de ce qui concerne de son département, j'ai reçu un aval de sa part. Suite à ses propositions, j'ai réuni le staff. Il s'est avéré qu'il y a impossibilité d'agir comme vous souhaitez par insuffisance d'enseignants. Au lieu de faire trainer les enfants, l'état nous autorisée de regrouper les villages. Tous vos villages sont annexés à OTSE BILI. Une fois installé, constitueront des quartiers. Chaque quartier portera le nom du village d'origine. Exemple le quartier Odi est formé uniquement des ressortissants de ce village.

André : Nos activités agricoles resteront à Okou. Comment vivrons-nous ?

Cdt François : Vos villages sont proches de là où vous vivez désormais vous repartez pour exercer seulement vos activités rien n'empêchera.
Ressortissant d'Odzet : Il m'est recommandé de veiller à la tombe de mon père et de sa gibecière. Sa femme et sa sœur seront enterrées près de sa tombe. Son diable ne s'acharnera -t-il pas à moi ?

Cdt François : banni tes illusions néfastes. Une personne morte ne revient plus. Les croyances te retardent, la société évolue.

Ressortissant d'odi : Lorsqu'un blanc statue sur un point, s'en suivra un contrôle systématique et rigoureux. Qui sera le chef du nouveau village ?

Cdt François : Chaque quartier sera dirigé par un chef du village. Le quartier OTSE-Bili s'appellera ESSANGA. Dirigé par NDOMBI. Cependant, tous ces quartiers constituent le village OTSE-Bili. Le chef devient ANDOULE. Il sait lire et écrire puis connait les réalités du coin. J'applique les exigences de ma hiérarchie. Celui qui désistera sera objet d'une poursuite judiciaire puis écopera d'une forte amande. La police et la gendarmerie veilleront à l'exécution des lois. Une antenne catholique sera installée pour convertir les indigents. Chaque personne désœuvrée travaillera dans les unités de production de M. Borêt. Un salaire minime sera octroyé juste pour une autonomie.

SCENE 12: *Père et fils*

Ayant remarqué plusieurs jours que son fils ne se rend plus à l'école après le souper, le père appelle son fils.

Père : il me semble que tu ne vas plus à l'école. As-tu été chassé ?

Fils : Si papa, j'y vais.

Père : Détrompe-toi. Il y a trois jours que tu es à la maison. Pour quelle raison ?

Fils : Tous les matins, très tôt tu te rends aux plantations. Comment le sais-tu ?

Père : Ton mensonge sera contourné par ma preuve.

Fils : Ton enquêteur te renseigne mal, il fait un mauvais travail.

Père : Fais attention, évite ce vilain défaut, mentir à ton père ?

Fils : en vérité papa, dissipe ton doute.

Père : fils-fils-fils, tais-toi. L'arme tue son fabriquant.
Le père se lève calmement retire de sa véranda trois bâtonnets équivalant aux trois jours d'absence, conduit le fils, chez l'enseignant, celui-ci confirme ce que dit le père.

Fils : aller tous les jours à l'école me lasse. Dès six heures du matin… *le père amène son fils défricher le champ.il limite une étendue ayant une fourmilière. Le recommande de finir cette partie pour avancer le travail.*
Ignorant qu'il y a des fourmis magnans, qui coupaient des arbustes avec une rapidité sans faille, troublant la tranquillité de ces dernières. Elles sortent méchamment de la fourmiller brandissant leurs mandibules le mordaient. Malgré ses cris, le père n'intervient pas.
Le lendemain, l'enfant est le premier élève à ouvrir

les salles de classe.

Père : je comprends ton choix est repartir à l'école, qui seras-tu mon fils si tu abandonnes l'école ? Tous les enfants n'ont pas la même chance qu'O-koli mais il est le modèle à suivre, chacun bénéficiera des bienfaits de l'école selon le mérite. Il n'y a pas un bonheur qui ne soit sans efforts préalables. Tu as compris que même les champs pour atteindre le bonheur, il faut d'abord gouter la souffrance : le bonheur est un résultat de dur labeur.

Le Fils : D'accord, je t'en prie Papa, Avant d'arriver là où il est maintenant, avec des honneurs et le respect que nous lui donnons, Ô-Koli s'est sacrifié : arracher de ses parents très tôt, etc.

Père : Voilà maintenant que tu comprends. Un grand homme politique de ce pays avait déclaré, je cite : « *dans ce monde où rien n'est donné, où le succès est uniquement au bout de l'effort, et de l'effort persévérant* ». Le succès et le bonheur sont le résultat des efforts et de la persévérance.

Printed by Books on Demand GmbH, Norderstedt / Germany